AF298158

INSTRUCTION

N.º 36,

Relative à l'exécution de la Loi du 25 novembre 1808,
et du Réglement impérial du 21 décembre suivant,
en ce qui concerne le Droit au Mouvement, les
Droits d'Entrée, et le Droit à la Vente en détail
des Boissons.

LA loi du 25 novembre dernier, en abolissant le droit
d'inventaire et celui de vente et revente en gros des boissons,
y a substitué, 1.º des droits au mouvement des vins, cidres,
poirés, eaux-de-vie, esprits, et liqueurs composées d'eau-de-
vie ou d'esprit ; 2.º des droits à l'introduction des mêmes
boissons dans des lieux d'une population déterminée, lorsqu'elles doivent y être consommées ; 3.º une augmentation
au droit à la vente en détail.

Le Comte de l'Empire, Conseiller d'état, Directeur général
de l'Administration des droits réunis, pour établir la perception de ces nouveaux droits et en assurer le succès,
donne à tous les Employés sous ses ordres l'instruction suivante :

CHAPITRE PREMIER.

Du Droit au Mouvement.

§. 1.ᵉʳ Tout enlèvement de boissons, soit que le transport
en ait lieu pour le compte d'un acheteur, soit que ces boissons
n'aient pas changé de propriétaire, donne ouverture au droit
de mouvement. Cette règle générale n'admet que deux exceptions, dont il sera parlé §. 5.

Art. 15 de la
loi du 25 no-
vembre 1808.

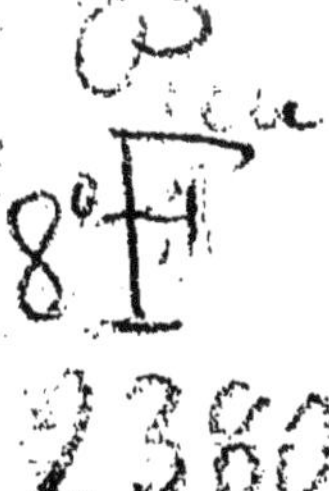

Art. 1.er du règlement impérial du 21 décembre 1808.

§. 2. Les déclarations d'enlèvement contiendront les mêmes indications que par le passé, hors celle du prix, qui, en cas de vente, ne sera exigée que pour les quantités au-dessous de vingt-cinq litres, ainsi qu'on en trouvera l'explication au chapitre *de la Vente en détail*.

§. 3. Les Buralistes auront soin de recommander aux déclarans la plus grande exactitude dans l'énonciation des quantités; et les Employés de toutes les classes concourront, par de fréquentes vérifications, au maintien de ce point important. Pour sentir combien la surveillance à cet égard est essentielle aujourd'hui, il suffit de remarquer que le nouveau droit n'a point pour base, comme celui du vingtième, la valeur de la boisson, mais sa quantité uniquement, et qu'il diffère également du droit d'inventaire, en ce que rien, dans l'ordre actuel, ne tient lieu du récolement, par lequel on pouvait récupérer ce qu'on avait négligé de percevoir à l'enlèvement.

Art. 2 du règlement.

§. 4. Le transport des fruits ou des vendanges n'oblige, en aucun cas, à se munir de *congés* ou de *passavans*.

Art. 16 de la loi, et 3 du règlement.

§. 5. Le droit au mouvement n'est pas exigible, et le transport des boissons n'astreint à prendre qu'un simple *passavant*, dans les deux cas suivans :

1.º Lorsqu'elles sont enlevées du pressoir pour être conduites chez le propriétaire qui les a récoltées, ou dans des caves dont il jouit par bail authentique ;

2.º Lorsque celui à qui elles appartiennent, négociant ou simple particulier, ne veut que les transférer de l'une de ses caves dans une autre.

Dans l'un et l'autre cas, le lieu de l'enlèvement et celui de la destination doivent être situés dans l'étendue d'un même canton de justice de paix, ou bien dans l'étendue d'une même commune, quoique sur le territoire de deux cantons différens.

§. 6. Les *passavans* à délivrer dans ces deux cas ne seront accordés qu'autant que les particuliers justifieront, soit de la propriété des caves où ils feront conduire les boissons, soit de baux authentiques qui leur en donnent la jouissance.

Comme il serait à craindre, en outre, que l'on n'abusât de leur nom pour obtenir des *passavans*, à l'aide desquels on transporterait frauduleusement d'autres boissons que les leurs, il doit être prescrit aux Buralistes de n'en délivrer que sur la déclaration des particuliers en personne, qui seront tenus de la signer, ou sur celle de quelqu'un muni de leurs pouvoirs. C'est à celui qui veut profiter du bénéfice d'une disposition de la loi, de prouver qu'elle lui est applicable.

§. 7. Les Employés surveilleront les pressoirs à l'époque de la récolte, et observeront si les boissons enlevées en vertu de *passavans*, sont transportées réellement au lieu déclaré: ils saisiront celles qui seraient conduites à de fausses destinations.

§. 8. Vu la longue durée du pressurage des pommes, pour guider les Employés dans leur surveillance à l'égard des cidres, et pour parer en même temps aux difficultés qu'éprouverait souvent la délivrance des *passavans*, les Directeurs pourront, lorsqu'ils le jugeront à propos, faire ouvrir, dans les bureaux de perception, un registre à souche, où seront inscrites les déclarations des particuliers qui auront envoyé des pommes au pressoir. Ces déclarations indiqueront principalement la quantité de fruits qu'ils auront à faire transporter, le pressoir où on devra les conduire, et l'espèce de cidre qu'ils seront dans l'intention d'en retirer.

§. 9. La perception du droit au mouvement des boissons a pour garantie deux conditions essentielles ; savoir, l'obligation imposée au déclarant d'indiquer une destination fixe, à laquelle il ne peut apporter de changement sans prendre un nouveau *congé*, et celle d'effectuer le transport, sans interruption, dans les délais prescrits.

Art. 17 de la loi, 4, 5 et 6 du réglement.

§. 10. Nulle circonstance ne peut dispenser de remplir la première de ces deux conditions. Les Buralistes doivent donc exiger strictement que l'on déclare la destination précise des boissons à transporter ; et les Employés verbaliseront contre tout conducteur qu'ils surprendront déposant tout ou partie de son chargement ailleurs que chez la personne désignée par le *congé.*

§. 11. Il suit de cette même disposition, que toute boisson conduite à la vente reçoit nécessairement deux destinations successives, dont la première est, ou un marché, ou le magasin d'un commissionnaire ; et la seconde, le domicile de l'acheteur. Il en est de même des boissons que certains marchands enlèvent à dos de mulet, de cheval, ou de toute autre manière, pour les vendre partiellement dans les lieux qu'ils doivent parcourir : ils ne peuvent les livrer aux acheteurs qu'en prenant un nouveau *congé* qui en légitime la destination.

§. 12. En délivrant ce *congé,* les Buralistes auront soin de relater au dos du premier la quantité de boisson distraite du chargement ; en sorte qu'en la retranchant de la quantité totale, on puisse toujours connaître celle que le conducteur est tenu de représenter.

§. 13. En général, et quelque circonstance qui ait pu survenir dans le cours d'un transport, il doit y avoir toujours concordance parfaite entre un chargement de boissons et les expéditions qui l'accompagnent. Les Employés saisiront donc tous ceux qui offriraient une différence en plus ou en moins avec le *congé,* déduction faite des quantités qui pourraient y être annotées, et pour lesquelles on produirait des quittances de droit de mouvement valables, et sauf le vide qu'un trajet plus ou moins long aurait pu occasionner.

§. 14. L'obligation d'effectuer sans interruption le transport des boissons, n'était pas moins essentielle à prescrire que celle qui a pour objet le maintien de la destination déclarée ; mais il était indispensable d'apporter à la première quelques modifications, telles que la faculté de séjourner sans donner ouverture à un nouveau droit, lorsque l'interruption a pour cause un changement de voies ou de moyens de transport, ou lorsqu'elle est nécessitée positivement par toute autre circonstance, ou bien enfin, et à plus forte raison, en cas de force majeure. Ainsi, lorsque le transport de boissons conduites d'abord par terre, doit être continué par eau, ou lorsqu'étant embarquées en premier lieu, on est obligé de les mettre à terre pour les recharger sur des voitures, le *congé* qui accompagne ces boissons n'est point invalidé par les délais que ces opérations peuvent entraîner. Il en est de même de toute interruption motivée sur un changement de voiture ou d'équipage, ou sur quelque empêchement réel.

§. 15. Toutefois, il est aisé de concevoir que la faculté du séjour donnerait naissance à des abus de tout genre, si l'on négligeait de la renfermer dans les bornes précises que la loi et le réglement ont posées. On ne peut donc recommander trop fortement aux Employés l'exécution ponctuelle des mesures suivantes.

§. 16. Le délai que fixeront les *congés* pour le transport des boissons, sera calculé d'après la distance à parcourir, et à raison de cinq lieues par jour, sauf le cas d'embarquement.

§. 17. L'exhibition des *congés* sera exigée des conducteurs à leur passage devant tout bureau de la Régie, et par tous les Employés qui les rencontreront. Ces expéditions seront visées chaque fois, et porteront l'heure précise et le lieu du *visa*.

§. 18. La déclaration prescrite, en cas de séjour, par l'article 4 du réglement, ne sera reçue que dans les vingt-quatre heures de l'arrivée : elle sera rejetée toutes les fois que l'on aura la preuve que ce délai est écoulé. Cette déclaration sera inscrite sur des registres à souche créés pour cet objet.

§. 19. Le déclarant sera tenu de déduire les motifs qui l'obligent à séjourner, d'indiquer le jour où le transport sera repris, et par quelle voie il sera continué. Il n'est dispensé de préciser le terme du séjour, que dans les seuls cas de force majeure. Une ampliation de ces déclarations sera délivrée aux personnes qui les auront faites.

§. 20. Lorsque l'interruption aura pour cause des événemens de force majeure, qui ne permettront pas d'indiquer le jour où le transport sera repris, on exigera le dépôt des *congés* au bureau, et il sera donné un certificat de ce dépôt.

§. 21. Les Employés iront, le plutôt qu'il se pourra, visiter les chargemens et vérifier la sincérité des déclarations; ils la certifieront au dos de l'ampliation, lorsqu'ils auront reconnu que les voituriers, bateliers et tous autres conducteurs de ces chargemens sont en règle, et que le séjour par eux demandé doit leur être accordé.

§. 22. Les boissons seront marquées de la rouanne et inscrites à un *agenda* où l'on en désignera l'espèce, la qualité, la quantité, ainsi que le degré, si ce sont des eaux-de-vie ou des esprits. On y relatera, en outre, la marque des fûts, caisses ou paniers, et le nom, tant des personnes qui s'en seront rendues dépositaires, que de celles à qui elles seront destinées.

§. 23. Le *congé* ne sera visé, pour repartir, qu'à l'époque déterminée par la déclaration, et après une nouvelle visite des boissons, qui aura le double objet de reconnaître s'il n'en a rien été soustrait, si elles sont bien les mêmes que celles prises en charge, et de les démarquer.

§. 24. Il sera fait mention dans le *visa* du temps qu'aura duré le séjour; ce qui augmentera d'autant le délai fixé par les *congés*. Toute autre prolongation serait nulle.

§. 25. L'emploi raisonné de ces différentes mesures doit faire échouer les tentatives qui seraient imaginées pour éluder le paiement des droits. Le fondement et les motifs de ces mesures sont faciles à saisir.

§. 26. L'article 4 du réglement, en statuant que les transports seraient opérés sans interruption, n'offrirait qu'une inutile précaution, s'il ne s'ensuivait rigoureusement que le délai dans lequel ils doivent avoir lieu sera fixé. Ce point a d'ailleurs été consacré par un arrêt de la Cour de cassation, rendu le 3 juin 1808, rapporté au Mémorial du Contentieux, *tome III, page 455,* et fondé sur l'article 1.er du réglement impérial du 5 mai 1806, dont les dispositions sont maintenues.

§. 27. Le droit qu'a la Régie de refuser toute prolongation de délai à celui dont la demande n'est pas formée dans les vingt-quatre heures de l'arrivée, est un des motifs qui rendent essentiel de relater l'heure précise dans les *visa*, sur-tout à l'entrée des villes.

§. 28. On ne doit pas perdre de vue que l'obligation pre-mière imposée à quiconque effectue le transport de boissons, étant de les conduire, sans interruption, à la destination déclarée, il ne peut lui être libre de séjourner sans une cause qui l'y oblige. Cette cause peut être ou imprévue et accidentelle; ou prévue, mais alors fondée sur la nécessité : dans tous les cas elle doit être réelle.

§. 29. Il suit des mêmes dispositions, que l'on ne peut, en pareil cas, permettre de toucher à des boissons que pour y donner les soins nécessaires à leur conservation dans le transport, et qu'on doit refuser le *visa* des *congés* pour toutes celles qui auraient été travaillées sans que l'opération eût eu pour objet de réparer un accident, et sans que les Employés eussent été appelés.

CHAPITRE II.

Des Droits d'Entrée.

SECTION PREMIÈRE.

Des Lieux sujets aux Droits d'Entrée.

§. 30. L'article 7 du réglement, interprétatif de l'article 18 de la loi, fait connaître, en substituant aux termes de *villes* et *bourgs* ceux de *lieux* et de *communes*, que l'assujettissement aux droits d'entrée résulte essentiellement de la population des lieux, et non d'une qualification bien souvent incertaine. _{Art. 18 de la loi, et 7 du réglement.}

§. 31. D'après le même article, pour qu'un lieu soit sujet aux droits d'entrée, il faut, non - seulement qu'il renferme deux mille ames, mais qu'il ait ces deux mille ames au moins de population agglomérée sur un seul point, quelle que soit d'ailleurs celle éparse dans les hameaux ou villages dépendans de cette commune.

§. 32. On doit considérer comme étant agglomérée la population rassemblée, non-seulement dans des maisons contiguës, mais encore dans des habitations qui ne sont séparées l'une de l'autre que par un fossé, une rivière, une promenade, des jardins, vergers ou autres enclos de ce genre.

§. 33. L'existence d'une population de deux mille ames, ainsi agglomérée, étant l'unique point d'où l'on ait fait dépendre l'assujettissement aux droits d'entrée, nulle partie de cette population ne peut être distraite du dénombrement, ni affranchie de la perception, sous le prétexte qu'elle est distinguée par le nom de *faubourg* ou par toute autre dénomination particulière.

§. 34. On a dû remarquer que les dispositions de l'article 18 de la loi, relatives à la population, ne sont modifiées par l'article 7 du réglement, qu'en ce seul point, qu'il affranchit des droits d'entrée toute commune qui n'a pas deux mille ames de population agglomérée, lors même que sa population totale serait fort au-dessus de ce nombre. Il suit de là que l'existence d'une population agglomérée de deux mille ames au moins une fois reconnue, l'article 18 de la loi doit avoir son exécution pleine et entière : or, cet article n'offrant ni exception ni distinction d'aucune espèce, on doit en tirer deux conséquences : la première, que dans toute commune où le lieu principal est assujetti aux droits, les dépendances le sont également et doivent en tout partager le même sort; la deuxième, que les lieux sujets aux droits d'entrée doivent être rangés dans les différentes classes du tarif d'après la population totale de la commune, et non d'après celle agglomérée seulement.

Art. 8 du réglement.

§. 35. Les Directeurs de la Régie examineront s'il a été fait dans leur département une juste application des articles dont le sens vient d'être développé ; ils auront soin de se procurer également les renseignemens les plus exacts touchant la population des lieux sur lesquels il leur resterait des doutes; et ils se mettront en mesure de faire rectifier le plutôt possible les erreurs qui porteraient préjudice aux intérêts du trésor public. Pour remplir cette obligation essentielle, ils se pourvoiront près de MM. les Préfets, suivant le vœu de l'article 8 du réglement; et ils adresseront en même temps à la Régie un double de leur réclamation, ainsi que des pièces à l'appui. Ils accompagneront cet envoi de tous les renseignemens propres à éclairer l'autorité supérieure, tels en particulier qu'une note indicative de la population servant de base à l'impôt des patentes et à celui des portes et fenêtres, ainsi qu'au traitement des fonctionnaires publics dans les lieux dont il sera question.

§. 36. Lorsque les communes réclameront contre les dispositions de l'arrêté qui les aura assujetties aux droits et classées, la perception continuera d'avoir lieu conformément à cet arrêté; jusqu'à ce que la réclamation ait été accueillie définitivement par l'autorité supérieure.

SECTION II.

De la Perception des Droits d'Entrée.

§. 37. Dans la plupart des lieux fermés, les droits d'entrée doivent être perçus à des bureaux placés aux portes; dans les lieux ouverts, les redevables sont tenus d'aller les acquitter à un bureau central : mais ces dispositions générales doivent être modifiées suivant les circonstances. Dans telle ville fermée, la consommation est trop peu considérable pour comporter d'autre établissement que celui d'un bureau central; dans telle autre, un bureau peut être placé plus avantageusement à l'entrée d'un faubourg qu'à la porte de la ville ; de même, dans quelques lieux ouverts, au lieu d'un seul bureau dans l'intérieur, il peut être convenable d'en établir plusieurs, et même d'en placer à quelques entrées principales, par où les boissons arrivent en grande quantité.

§. 38. L'établissement des bureaux aux portes ne dispense pas d'ouvrir également, à la recette buraliste, des registres de perception des droits d'entrée, pour les boissons qui n'en seront passibles que postérieurement à leur introduction.

§. 39. Il est à propos d'avoir, pour surveiller la perception dans quelques grandes villes, des bureaux de contrôle, placés de manière qu'ils vérifient les arrivages avant qu'ils parviennent au bureau de perception, ou après qu'ils y auront passé. Les formalités à remplir à ces bureaux seront prescrites par la Régie, d'après le rapport des Directeurs, qui lui soumettront leurs vues à ce sujet.

§. 40. La perception des droits d'entrée aux portes des villes fermées qui auront des octrois, doit être confiée aux Préposés de cette Administration, à moins que de puissans motifs ne s'y opposent. Ils seront considérés comme Buralistes de la Régie, et rétribués comme tels. Dans les lieux ouverts, le bureau de perception des droits d'entrée, lorsqu'il n'y en aura qu'un seul, sera celui du Buraliste de la Régie.

§. 41. Le tarif des droits à percevoir par hectolitre de boisson de toute espèce, sera constamment affiché dans chaque bureau. Il sera fourni aux Directeurs des exemplaires de ces affiches.

Art. 9 du règlement.

§. 42. Toute boisson est saisissable, lorsqu'elle est rencontrée dans l'intérieur d'un lieu sujet aux droits d'entrée, sans que ces droits aient été acquittés, sauf le cas prévu §. 61 et 62; mais l'application rigoureuse de cette disposition devant offrir des difficultés par-tout où il n'existe qu'un bureau central de perception, il sera permis, dans ce cas, aux personnes qui conduiront des boissons, de pénétrer avec leur chargement jusqu'au bureau; elles ne pourront seulement, ni se détourner de la route, ni décharger leurs voitures, ni dételer leurs chevaux, qu'elles n'aient fait leur déclaration; autrement, les Employés auraient à saisir les boissons, comme étant introduites en fraude des droits d'entrée.

§. 43. La nuit étant le temps pendant lequel on fera sans doute le plus de tentatives pour soustraire des boissons aux droits d'entrée, le service sera réglé de manière qu'il soit fait habituellement des rondes entre le coucher et le lever du soleil. Les Contrôleurs de ville sont principalement responsables de l'exécution de cette mesure, qu'ils doivent surveiller et diriger personnellement.

§. 44. Il leur est également recommandé de vérifier fréquemment les Receveurs des droits d'entrée, en observant, à cet égard, ce qu'on leur a prescrit pour toutes les recettes dont la surveillance leur a été confiée jusqu'à présent. Ils veilleront aussi à ce que les Employés se fassent exactement représenter les quittances d'entrée ou autres expéditions qui doivent accompagner toutes les boissons venant du dehors; et ils rapprocheront le plus souvent possible ces quittances des registres d'où elles auront été détachées; sans préjudice de la vérification générale qui sera faite de toutes les expéditions retirées, lorsque les registres seront remis au contrôle principal. Cette importante vérification est de nouveau prescrite, sous leur responsabilité, aux Contrôleurs principaux, qui trop souvent l'ont négligée, sans égard pour les ordres réitérés de l'Administration.

§. 45. Les époques de versement seront déterminées par les Directeurs, qui, sur ce point, se conformeront à ce que prescrivent les Instructions sur la comptabilité. Il convient de faire coïncider généralement ces époques avec celles adoptées par les Régisseurs ou Fermiers d'octrois pour le versement du produit de ces droits.

§. 46. Ces versemens, comme ceux d'un Buraliste ordinaire, seront faits par les Receveurs eux-mêmes, immédiatement, à la recette particulière sédentaire. On choisira pour cette opération des heures telles que le service du bureau de perception ne souffre pas de l'absence du Receveur.

§. 47. Les droits exigibles à l'introduction des boissons dans les lieux désignés par les articles 18 de la loi du 25 novembre 1808, et 7 du réglement impérial du 21 décembre suivant, n'étant imposés que sur celles destinées à la consommation de ces lieux, les boissons qui n'y sont conduites

Art. 18 de la loi.

que pour ressortir et être consommées ailleurs, ont dû être l'objet de plusieurs exceptions. Il en est trois principales, dont on va traiter ; savoir, le *passe-debout*, le *transit* et l'*entrepôt*.

SECTION III.

Du Passe-debout.

§. 48. Le cas du *passe-debout* est celui où les boissons ayant à traverser un lieu sujet aux droits d'entrée, ne doivent pas y demeurer plus de vingt-quatre heures. Pour s'assurer qu'elles sont en effet ressorties, et empêcher que des boissons destinées à des consommateurs du lieu ne soient introduites en fraude du droit d'entrée, à l'abri d'une fausse déclaration, l'on emploiera différentes précautions, suivant les circonstances et suivant les ressources qu'offrira l'organisation du service.

§. 49. Lorsque les chargemens ne feront que traverser les lieux, sans s'y arrêter, ils seront, autant que possible, accompagnés par des Employés. Indépendamment de cette mesure, les *congés* seront visés à l'entrée et à la sortie, ainsi que le prescrit le réglement. Les *visa* seront enregistrés à chaque bureau, et ces enregistremens rapprochés l'un de l'autre tous les jours, afin de vérifier si les entrées et les sorties se correspondent exactement.

§. 50. Lorsque les chargemens auront à passer la nuit dans le lieu, ou à s'y arrêter quelques heures, on exigera des conducteurs qu'ils indiquent l'auberge ou la maison où ils se rendront, afin de les y surveiller et de les observer à leur départ. Pour cet effet, les Employés prendront note tous les jours, à différentes reprises, des déclarations de ce genre qui auront été reçues ; et ils ne suspendront jamais leur surveillance qu'ils n'aient vérifié si les boissons ont continué leur route. Ils auront soin de les visiter dans l'intervalle de l'arrivée au départ, toutes les fois qu'il y aura lieu de soupçonner quelque fraude, et ils verbaliseront contre tout conducteur qui les déchargerait, en totalité ou en partie, sans en avoir fait préalablement la déclaration.

§. 51. Lorsque ces différentes mesures seront jugées insuf-
fisantes, ou que l'exécution en souffrira quelques difficultés,
on fera déposer aux conducteurs le montant du droit d'entrée
pour leur chargement. La somme consignée leur sera rendue à
la sortie du lieu, sur la représentation de la quittance qu'on
leur aura délivrée, et après une nouvelle vérification des
boissons. Les Receveurs accepteront le cautionnement d'une
personne solvable, lorsqu'il sera offert pour tenir lieu de la
consignation des droits.

§. 52. Au bout de vingt - quatre heures, si le transport
n'est pas repris, et si la déclaration voulue par l'article 4
du réglement n'a pas été faite, le droit d'entrée est acquis,
et le paiement doit en être poursuivi, si le montant n'en a pas
été consigné.

SECTION IV.

Du Transit.

§. 53. L'exception désignée sous le nom de *transit* est
celle relative à toute boisson dont on est forcé d'interrompre
le transport, et qui, dans cette circonstance, séjourne au-
delà de vingt-quatre heures dans un même lieu, qu'il soit
ou non sujet aux droits d'entrée.

§. 54. Pour que l'on ait droit à réclamer le *transit*, il
faut, 1.º que le *congé* représenté indique une destination autre
que le lieu même où l'on demande à séjourner, et telle que
ce lieu soit situé sur la route qu'on avait à suivre pour se
rendre à cette destination ; 2.º que les formalités prescrites,
chapitre I.ᵉʳ, §. 18 et suivans, en exécution des articles 4
et 5 du réglement, aient été remplies.

§. 55. Ces formalités, réunies au mode de surveillance
et de garantie tracé dans le cas du *passe - debout*, et qui
sera suivi également, quelle que soit la durée du séjour,
feront connaître, avec certitude, si le transport des boissons
admises en *transit* a été réellement repris le jour fixé pour

7

le départ, et mettront à même de soumettre aux droits toutes celles dont la sortie ne serait pas prouvée. A cet effet, les droits qui auraient été consignés ne seront restitués, ou les engagemens de tout autre genre annullés, qu'au vu d'un certificat de sortie délivré en temps utile.

SECTION V.

De l'Entrepôt.

Art. 11, 12, 13, 14, 15 et 16 du règlement, 20 et 43 de la loi.

§. 56. L'entrepôt est la faculté accordée à certaines personnes d'introduire, soit dans un magasin ou un emplacement public, soit dans leurs propres caves, des boissons sujettes aux droits d'entrée, sans acquitter ces droits, lorsqu'elles sont destinées à la consommation d'un autre lieu.

§. 57. Tout négociant ou propriétaire peut réclamer cette faveur, 1.º pour les boissons dont il fait le commerce ou qu'il a récoltées ; 2.º pour les vendanges ou fruits qu'il fait venir en nature ; 3.º pour les boissons qu'il se propose de convertir en eau-de-vie, pour le produit qu'il doit en retirer, ou pour l'eau-de-vie provenant d'une distillation de grains ou autres substances farineuses ; 4.º enfin, pour les boissons qu'il fait conduire et mettre en vente à un marché.

§. 58. On doit, en outre, assimiler aux boissons admises en entrepôt, toutes celles qui, le 1.er janvier 1809, existaient dans les caves, celliers ou magasins des marchands en gros, courtiers, facteurs et commissionnaires de boissons, ainsi que des distillateurs et bouilleurs de profession, et celles inventoriées en 1808 dans tout lieu sujet aux droits d'entrée.

§. 59. Il sera ouvert, dans tous les lieux où ces droits sont perçus, un registre destiné à recevoir la déclaration des personnes qui demanderont à jouir de l'entrepôt, en se soumettant aux diverses obligations qu'impose cette faveur.

Art. 11 du règlement.

§. 60. Suivant le vœu du règlement, toute personne qui reçoit des boissons en entrepôt, est, ainsi que les dénommés en l'article 31 de la loi du 24 avril 1806, assujettie aux exercices des Employés de la Régie. Ces exercices auront pour but de prévenir la consommation qui se ferait en fraude dés droits d'entrée, si les personnes à qui l'entrepôt est accordé n'étaient tenues de rendre un compte rigoureux de toutes les boissons introduites sous leur nom. Ces boissons seront, en conséquence, prises en charge, et la sortie des entrepôts en sera suivie avec la plus grande exactitude. Pour se mettre à l'abri de toute omission à cet égard, les charges seront, ainsi que les décharges, établies de la manière suivante :

§. 61. A l'arrivée des boissons, et pour en obtenir l'introduction, la personne à qui elles seront adressées en fera elle-même, ou par un fondé de pouvoir, la déclaration au bureau de la Régie. Elle y recevra un *bulletin d'entrepôt*, qui relatera la quantité de boisson à introduire. Ce *bulletin* sera présenté au bureau d'entrée; il y sera visé, après vérification des chargemens, et ensuite remis au conducteur des boissons, pour les accompagner jusqu'à l'entrepôt. Cette pièce sera la base sur laquelle les Employés établiront leur acte de prise en charge. Pour le transport de toute boisson enlevée d'un *entrepôt* pour passer dans un autre, il sera délivré un *bulletin* semblable, indépendamment du *congé.*

§. 62. Il est sévèrement défendu aux Receveurs des droits d'entrée de laisser introduire des boissons dans un lieu sujet, sans que ces droits soient acquittés, à moins que le conducteur ne soit muni d'un *bulletin d'entrepôt.*

§. 63. Pour épargner aux Receveurs des bureaux d'entrée, des détails qui, en interrompant la perception, pourraient souvent y nuire; pour obtenir en même temps plus d'exactitude dans cette partie du service, et faciliter aux Employés leurs opérations dans les entrepôts, les déclarations d'arrivée seront toujours faites au bureau situé dans l'intérieur des lieux sujets. On conçoit que dans ceux où il n'existe d'autre bureau que le bureau central, c'est-là que doivent être remplies les formalités, qui alors consistent uniquement à recevoir un *bulletin d'entrepôt*, au lieu d'une *quittance* de droit d'entrée.

§. 64. Il peut manquer des boissons aux charges des personnes qui jouissent de l'entrepôt, dans quatre cas différens :
ou ces boissons auront été expédiées pour le dehors, ou elles
auront été transférées dans un autre entrepôt, ou la vente
en aura été faite à des consommateurs du lieu même, ou
enfin celui qui en est chargé les aura lui-même consommées.

§. 65. Il lui sera donné décharge de celles qu'il aura expédiées pour le dehors, sur la représentation par lui faite de la
quittance du droit de mouvement, et du *vu-sortir* exigé
§. 55. Il sera déchargé de celles qui auront été transférées
dans un autre entrepôt du même lieu, au vu de la quittance
du droit de mouvement et d'un certificat de prise en charge
au compte du nouvel entrepositaire. Il le sera enfin de celles
qu'il aura vendues aux débitans ou aux consommateurs du
lieu, lorsqu'il produira les quittances tant des droits de mouvement que des droits d'entrée auxquels ces ventes auront
donné ouverture.

§. 66. Quant aux boissons qui manqueront aux charges
sans que la sortie légale de l'entrepôt en soit établie par l'une
ou l'autre des justifications qui viennent d'être indiquées, il
sera dressé, à des époques déterminées, des actes qui en
constateront la quantité ; on formera l'état des droits d'entrée
dus sur ces quantités, et il sera, sans délai, mis en recou-
vrement.

§. 67. Il sera dressé un semblable état pour le recouvre-
ment du droit de mouvement sur les eaux-de-vie de grains
ou autres substances farineuses manquant aux charges. A
l'égard des autres boissons, lorsque les manquans donneront
lieu de soupçonner quelque abus, il en sera dressé procès-
verbal, conformément aux dispositions de l'article 11 du
réglement impérial du 5 mai 1806.

§. 68. Les comptes d'entrepôt seront arrêtés en général
à la fin de chaque trimestre. Pour en établir la balance, il
sera fait à cette époque un recensement exact des magasins.

L'Administration se réserve au reste de statuer sur les cas, assez multipliés, où ces recensemens et ces arrêtés pourront être renvoyés à six mois, et même à un terme plus éloigné. Ce mode d'opérer sera notamment applicable aux propriétaires qui n'auront en entrepôt que leur récolte, et chez qui aucune charge nouvelle n'aura été constatée postérieurement. Pour éviter que cet ajournement ne retarde trop le paiement de droits qui seraient acquis, les Buralistes ne délivreront jamais de *congé* pour des boissons qui passeront d'un entrepôt à une destination quelconque dans le même lieu, si ce n'est dans un autre entrepôt, sans exiger que le droit d'entrée soit acquitté.

§. 69. L'entrepôt de boissons provenant de vendanges ou de fruits introduits en nature, sera exercé d'après les principes qui viennent d'être développés. Seulement il sera nécessaire, dans ce cas, d'apporter, suivant les lieux et les circonstances, des modifications à ce qui a été prescrit touchant les *bulletins d'entrepôt* à délivrer. Les Directeurs feront à l'Administration, d'ici à la récolte prochaine, leurs observations à ce sujet, et recevront d'elle des instructions particulières sur les mesures à prendre. Dans tous les cas, il sera essentiel de faire, après l'entonnement des boissons, chez les particuliers qui auront demandé l'entrepôt, un recensement exact de toutes celles qui formeront réellement leurs charges.

Art. 13 du réglement.

§. 70. L'entrepôt accordé aux bouilleurs et aux distillateurs nécessite un double compte, pour comparer la quantité de boisson introduite avec celle d'eau-de-vie manquante et celle restant en magasin. On s'appliquera à baser la prise en charge de l'eau-de-vie à mesure de la fabrication, sur des données qui ne lèsent ni la Régie ni les redevables. Ces données résulteront, soit de la vérification effective des quantités, lorsqu'elle sera praticable sans inconvénient, soit d'évaluations fondées sur des expériences faites avec soin et de concert avec les principaux intéressés. Les eaux-de-vie de grains ou autres substances farineuses seront prises en charge d'après la règle tracée par l'article 43 de la

Art. 16 du réglement, et 43 de la loi.

loi du 25 novembre., et d'après le résultat donné par le portatif dont le modèle est annexé à la circulaire du 15 décembre 1808, timbrée 4.ᵉ division, n.° 16.

§. 71. L'entrepôt applicable aux boissons conduites à un marché, suppose que l'emplacement qualifié de marché, et les époques où les boissons y arrivent, sont déterminés avec précision. Les Directeurs provoqueront ou prendront euxmêmes, suivant les circonstances, les mesures nécessaires pour que le public n'éprouve aucune incertitude sur l'un ou l'autre point. Les mesures applicables à ce genre d'*entrepôt* sont, comme dans le cas du *passe-debout*, le *visa des congés*, la surveillance la plus active sur les voitures dans le trajet qu'elles auront à faire jusqu'au marché, ou bien la consignation des droits, que peut suppléer le cautionnement d'une personne solvable. A portée du marché sera placé un Receveur pour percevoir les droits qui naîtront des ventes faites, et délivrer les expéditions sans lesquelles on ne pourrait enlever les boissons de l'enceinte du marché. Ces expéditions sont les mêmes que celles exigées pour les boissons sortant d'un *entrepôt* quelconque. Quant à celles qui repartiront du lieu sans avoir été vendues, il sera délivré un nouveau *congé*; et si les droits d'entrée ont été consignés, ils seront restitués à la sortie.

Il reste à entrer dans quelques explications fort simples sur les deux cas d'entrepôt qui résultent du passage du régime précédent à celui actuel.

§. 72. Suivant l'ordre exprès qui en a été donné, on a dû, à l'époque du 1.ᵉʳ janvier 1809, établir, avec la plus grande exactitude, les charges de toute personne sujette aux exercices pour un commerce de boissons. La situation des entrepôts publics d'octroi a dû être vérifiée en même temps et de la même manière. Cette opération devient, en conséquence de l'article 12 du réglement, la base d'un compte d'entrepôt à suivre conformément aux règles posées par l'article 11, et développées dans le présent chapitre. Quiconque voudra s'en affranchir, ne le pourra qu'en acquittant le droit d'entrée pour tout ce qui forme ses charges.

§. 73. Les boissons inventoriées en 1808 dans les lieux sujets aux droits d'entrée, sont, par une mesure semblable, frappées de ces droits, dans le cas où la consommation s'en fait dans le lieu même; mais avec cette modification, que celles manquantes et pour lesquelles il sera représenté des quittances de droit d'inventaire payé avant le 1.er janvier, n'entraîneront pas la perception du droit d'entrée. Quant aux boissons inventoriées pour mémoire seulement, attendu que le droit d'inventaire en avait été acquitté, elles seront définitivement affranchies de celui d'entrée, et continueront à n'être prises en charge que pour mémoire. Ceci ne concerne toutefois que les personnes qui n'exerçaient, avant le 1.er janvier, aucune des professions désignées par l'article 31 de la loi du 24 avril 1806. Les charges des propriétaires, dans le premier cas, résulteront des quantités de boisson inventoriées chez eux en 1808, dont on déduira le dixième, et celles pour lesquelles il sera représenté des quittances de droit d'inventaire.

Art. 20 de la loi, et 11 du réglement.

§. 74. L'obligation formelle imposée au débitant de justifier du paiement du droit d'entrée pour toutes les boissons en sa possession, exclut toute possibilité de lui accorder l'entrepôt à domicile.

Art. 19 du réglement.

§. 75. Nul ne peut réclamer l'entrepôt à domicile lorsqu'il existe dans le lieu un Entrepôt public.

Art. 14 du réglement.

CHAPITRE III.

Du Droit à la Vente en détail.

§. 76. A dater du 1.er janv. 1809, le droit à la vente en détail des boissons a été porté à 15 pour cent de leur valeur, et doit être perçu à ce taux sur les détaillans de toutes les classes, sans aucune distinction. La rentrée d'un droit d'une si haute importance doit exciter la sollicitude de tous les Employés. Les

Art. 21 de la loi.

mesures additionnelles autorisées par le titre III. du réglement du 21 décembre, leur donnent, pour réprimer la fraude, des moyens dont ils useront sans doute avec autant de sagesse que de succès.

Art. 17 et 18 du réglement.

§. 77. La nécessité d'économiser le temps en simplifiant les exercices, et d'empêcher de la part des débitans diverses combinaisons frauduleuses, a motivé les articles 17 et 18 du réglement. On doit tenir la main à ce que ces dispositions soient exécutées : cependant, il est quelques pays où, les débitans ne possédant que des futailles d'une contenance considérable, il convient de leur laisser le temps de s'en procurer de l'espèce de celles dont l'usage est seul autorisé pour le débit journalier. Il seront tenus de s'en pourvoir dans le plus bref délai ; et chaque fois qu'ils les auront remplies, en y transvasant des boissons tirées des vaisseaux de grande dimension, les robinets de ceux-ci seront scellés par les Employés.

§. 78. On pourra user de quelque tolérance à l'égard des futailles dont la contenance surpassera de peu de chose celle spécifiée par l'article 17.

Art. 19 du réglement.

§. 79. L'établissement des droits d'entrée impose nécessairement au débitant l'obligation de produire la quittance de ces droits, indépendamment du *congé*, portant acquit du droit de mouvement pour toutes les boissons par lui reçues. Les Employés seront exacts à se faire représenter cette quittance, à moins que les boissons ne soient sorties des caves d'un particulier domicilié dans le lieu, et qui ne jouisse pas de l'entrepôt.

Art. 20 du réglement.

§. 80. Les pièces vides ne peuvent jamais être enlevées des caves qu'elles n'aient été préalablement démarquées par les Employés. Cette disposition, d'une grande importance pour parer à la fraude, doit être sévèrement observée, et les Employés verbaliseront contre tout débitant qui, ayant effectué la vente d'une pièce, ne pourra leur en représenter la futaille.

Art. 21 du réglement.

§. 81. Les Employés ont la faculté de prendre les boissons du débitant au prix déclaré, déduction faite des droits de détail, et en payant le fût d'après la valeur courante ; mais cette faculté n'exclut pas celle de verbaliser contre celui qui serait convaincu de fausse déclaration : les Employés useront de l'une ou de l'autre, suivant qu'elle leur paraîtra plus propre à réprimer la mauvaise foi du débitant.

§. 82. L'article 24 du réglement impérial du 5 mai 1806 laissait quelques doutes sur l'obligation où étaient les vendans en détail qui déclaraient cesser leur débit, de payer les droits sur les quantités reconnues manquantes dans le cours des trois mois qui suivaient la déclaration; l'article 22 du réglement impérial du 21 décembre 1808 a pour objet de faire cesser toute incertitude sur ce point. Art. 22. du réglement.

§. 83. L'expérience ayant appris que trop souvent les voisins des débitans leur facilitent la fraude, en recélant de leurs boissons, et cette manœuvre, fort difficile à déjouer, pouvant avoir en même temps des conséquences très-étendues, le réglement donne à la Régie le droit de soumettre toute personne qui loge dans la même maison qu'un cabaretier, aux exercices et au paiement du droit de détail. Toutefois, la rigueur de cette disposition indique assez que l'application n'en doit pas être générale, et qu'elle concerne uniquement les personnes convaincues ou violemment soupçonnées de servir la fraude des débitans. En pareil cas, et avant d'agir, il sera fait, par écrit, au Contrôleur principal, un rapport des faits; et seulement lorsqu'il en aura donné l'ordre, les boissons de la personne soupçonnée seront prises en charge, et les manquans suivis d'abord pour mémoire. Si, après cette première précaution, l'on remarque que les manquans surpassent évidemment la consommation des personnes que le prévenu est dans le cas de nourrir, il sera fait, de toutes ces observations, un rapport motivé au Directeur; et les droits, lorsqu'il le jugera convenable, seront perçus en vertu de sa décision. Art. 23 du réglement.

§. 84. Les Employés de la Régie sont autorisés à visiter le domicile des personnes qui prétendraient ne débiter que de la bière. Comme il est certain qu'elles sont dans l'usage de fournir en même temps aux buveurs d'autres boissons, notamment de l'eau-de-vie, on vérifiera avec soin si elles n'en Art. 24 du réglement.

)ont pas de cachées, et si les tonneaux, et autres vases présentés comme contenant de la bière, ne recèlent pas d'autres boissons.

§. 85. La déclaration des débitans qui, fondés sur l'art. 25 du réglement, demanderont à résilier leurs abonnemens, sera inscrite au registre ordinaire, et il leur en sera délivré ampliation. Cette déclaration n'aura d'effet qu'à partir du trimestre qui suivra celui où elle aura été reçue.

§. 86. Le seul droit imposé aujourd'hui comme droit à la vente, est celui de 15 pour cent au détail. Il est dû, non-seulement par tous les débitans sans distinction, mais encore, en vertu de l'article 12 du réglement impérial du 5 mai 1806, par des personnes qui n'eussent pu, sans injustice, être soumises à un droit moindre que ces assujettis, en usurpant les avantages de leur profession. Elles paient donc le même droit de 15 pour cent sur les ventes qui, par la modicité des quantités, rentrent dans la vente en détail; et c'est à vingt-cinq litres qu'est posée la limite. Il s'ensuit que toute vente au-dessous de cette quantité ayant le caractère de la vente en détail, en emporte toutes les obligations, et que la Régie a le droit de les imposer. Cependant, on n'obligera pas à se déclarer débitant celui qui, accidentellement, fera quelques ventes de cette espèce, et il lui sera délivré des congés comme par le passé, à charge de payer le droit de quinze pour cent. L'acquit de ce droit exclut la perception de celui de mouvement.

CHAPITRE IV.

Dispositions et Observations générales.

§. 87. On ne peut facilement abuser des articles 26 et 28 du réglement; le sens en est trop clair. Toute interprétation qui tendrait à faire dégénérer en moyens de fraude de telles dispositions, doit être fortement repoussée. Ainsi, n'étant applicables qu'aux seuls voyageurs, on ne souffrira pas qu'elles soient invoquées par des personnes qui prendraient faussement cette qualification, et l'on exigera d'elles d'en justifier par des passe-ports ou autrement.

§. 88. Les exercices que la présente Instruction prescrit de faire ailleurs que chez les débitans, n'ayant pas également pour but, dans tous les cas, la garantie des mêmes droits et la répression des mêmes abus, les chefs du service doivent apporter beaucoup d'intelligence à diriger le travail des Employés de la manière la plus utile. C'est ainsi que l'exercice des entrepôts du commerce dans les lieux sujets aux droits d'entrée, est de tous le plus essentiel ; que celui des magasins du négociant qui acquitte les droits à l'introduction, et plus encore celui des caves du propriétaire qui n'a en entrepôt que sa récolte, sont d'un intérêt secondaire et souvent presque sans objet. Il en est de même de beaucoup d'assujettis partout où le droit d'entrée n'est pas perçu ; mais en même temps un chef vigilant doit observer sans cesse quels seraient ceux qui, dans ce nombre, pourraient être d'intelligence avec des débitans, afin de rompre bientôt leurs relations par l'assiduité et la rigueur de sa surveillance.

§. 89. Il suffira, sans doute, de faire ici mention de l'utile mesure de la circulation des extraits, pour rappeler tout le parti que l'on peut en tirer relativement aux nouveaux droits, et pour déterminer les Contrôleurs principaux à redoubler de promptitude et de soin dans l'envoi de ces extraits, ainsi que dans la distribution qu'ils ont à faire de ceux qui leur parviennent. Ils doivent tenir la main à ce que les Employés les leur remettent exactement, apostillés par eux, après avoir fait toutes les vérifications dont chaque article était susceptible.

§. 90. Les Directeurs recevront incessamment, accompagnés d'instructions particulières, tous les imprimés nécessaires pour remplir les formalités que l'on vient de prescrire. Ils y suppléeront provisoirement par les divers moyens qu'ils peuvent avoir à leur disposition, et rendront compte au plutôt à l'Administration de tout ce qu'ils auront fait à cet égard. Il leur sera également adressé des modèles de portatifs pour tous les cas d'exercice que peut offrir le régime actuel.

§. 91. Il sera tenu, dans les bureaux de l'Administration centrale, un compte exact des boissons débitées en 1808, comparées avec celles qui seront débitées en 1809. Ce compte sera divisé par arrondissemens de recettes particulières, à cheval, à pied ou sédentaires. Les Employés chargés des exercices, qui n'auront pas atteint, pendant la présente année, les quantités tirées en produit durant la précédente, seront obligés de justifier, par des motifs valables, de cette différence, par-devant l'Officier supérieur que l'Administration enverra de Paris à cet effet.

§. 92. Les Contrôleurs de ville, ambulans, principaux, les Inspecteurs et MM. les Directeurs, chacun dans son territoire, sont rendus responsables, pour cet exercice, des mêmes quantités que celles vendues dans le précédent, sauf les moyens de justification, qui seront déduits comme il est dit ci-dessus.

§. 93. Il sera accordé des taxations sur les quantités excédantes.

FAIT à l'hôtel de l'Administration des droits réunis, à Paris, le 16 janvier 1809.

Le Comte de l'Empire, Conseiller d'état, Directeur général de l'Administration des droits réunis,

APPROUVÉ:

Le Ministre des finances,
Signé GAUDIN.

Par le Comte de l'Empire, Conseiller d'état, Directeur général,
Le Secrétaire général,

EXTRAIT

De la Loi du 25 Novembre 1808, promulguée
le 5 Décembre.

TITRE VI.

Suppression et Remplacement tant du Droit d'inventaire,
que de celui de vente et revente en gros des Boissons.

ART. 12. L'inventaire prescrit par les articles 49 et suivans
de la Ire section du chapitre II de la loi du 5 ventôse an 12,
et le droit établi à la vente des vins, cidres et poirés, par
l'article 56 de la même loi, sont abolis, à dater du 1.er janvier
1809.

13. Le droit à la vente et revente en gros des boissons,
créé par l'article 25 de la loi du 24 avril 1806, est pareillement
supprimé, à partir de la même époque.

14. Le droit d'inventaire est néanmoïns acquis pour toutes
les quantités reconnues manquantes au récolement des divers
inventaires, jusques et compris le récolement de la récolte de
1807.

15. A dater du 1.er janvier 1809, il sera payé à chaque
enlèvement ou mouvement des boissons ci-après désignées ;
savoir :

Par hectolitre de vin en cercles, dans les départemens de
première classe, suivant le tableau ci-annexé, 30 centimes ;

Dans ceux de seconde classe, 40 centimes ;

Dans ceux de troisième classe, 50 centimes ;

Dans ceux de quatrième classe, 80 centimes ;

Par hectolitre de cidre ou de poiré, sans distinction de
classe, 15 centimes ;

Par hectolitre d'eau-de-vie ou d'esprit en cercles, 1 franc 20 centimes ;

Par hectolitre de vin en bouteilles, 3 francs ;

Par hectolitre d'eau-de-vie ou d'esprit en bouteilles, ou de liqueurs composées d'eau-de-vie ou d'esprit, 5 francs.

16. Le propriétaire qui fera enlever des boissons du pressoir pour être conduites chez lui, ou qui les fera transporter de l'une de ses caves dans une autre, ne sera point assujetti au droit de mouvement établi par l'article 15, et n'acquittera que le timbre de 5 centimes, pourvu que le transport ait lieu dans l'étendue du même canton.

17. Il ne sera dû qu'un seul droit de mouvement pour le transport jusqu'à la destination déclarée, lors même qu'il y aura changement de voies ou de moyens de transport.

18. A dater du 1.er janvier 1809, il sera perçu, au profit du trésor public, dans les villes ou bourgs de deux mille ames et au-dessus, un droit d'entrée sur les boissons destinées à la consommation, conformément au tarif ci-annexé.

Les vins en bouteilles seront soumis à un droit double de celui fixé pour les vins en cercles.

L'eau-de-vie rectifiée à vingt-deux degrés et au-dessus, celle de toute espèce en bouteilles, et les liqueurs composées d'eau-de-vie ou d'esprit, seront soumises à un droit double de celui fixé pour l'eau-de-vie simple.

19. Les vendanges et fruits en nature seront soumises au même droit d'entrée de ville, à raison de trois hectolitres de vendange pour deux hectolitres de vin, et de cinq hectolitres de pommes ou poires pour deux hectolitres de cidre ou poiré.

20. Les vins, cidres et poirés inventoriés en 1808 dans les villes ou bourgs assujettis aux droits d'entrée par la présente, seront soumis à ces droits, à moins qu'il ne soit justifié que le droit d'inventaire en a été acquitté.

21. A la même époque du 1.er janvier 1809, le droit à la vente en détail des boissons spécifiées en l'article 15, sera perçu à raison de 15 centimes pour franc de leur valeur.

L'article 36 de la loi du 24 avril 1806 est rapporté.

22. Les droits établis aux entrées de plusieurs villes, en remplacement de celui à la vente en détail, seront augmentés dans la proportion de l'augmentation du droit à la vente en détail ordonnée par la présente.

23. Toute contravention aux dispositions du présent titre sera punie des peines portées par l'article 37 de la loi du 24 avril 1806.

TITRE VII.

Fixation du Droit à la fabrication des Bières.

24. A l'avenir, il sera perçu, à la fabrication des bières, un droit fixe de deux francs par hectolitre, quelle qu'en soit l'espèce ou la qualité, en remplacement des droits perçus jusqu'à ce jour, tant à la fabrication qu'aux ventes en gros et en détail.

25. La petite bière, telle qu'elle est définie en l'article 3 du décret impérial du 20 floréal an 13, continuera d'être exempte de tout droit, pourvu qu'en sortant de la cuve-matière, elle ne subisse aucune autre opération, que la quantité n'excède pas le huitième de la fabrication soumise au droit, et qu'elle soit livrée immédiatement au consommateur, sans être mélangée d'aucune autre espèce de bière.

26. Il sera accordé une déduction de vingt pour cent pour la bière qui aura été tenue en ébullition pendant vingt heures au moins, et une déduction de quinze pour cent pour les autres.

27. L'exemption accordée par l'article 65 de la loi du 5 ventôse an 12, à celui qui ne brasse que pour la consommation de sa maison, est fixée à dix-huit hectolitres par an pour la famille, y compris les serviteurs à gages.

Cette exemption n'est applicable qu'au propriétaire de la brasserie domestique, brassant chez lui.

28. Les bières destinées à être converties en vinaigres, seront

assujetties, comme les bières ordinaires, au droit établi par l'article 24.

29. Il est défendu à tout brasseur de changer, modifier ou altérer la contenance de ses chaudières, cuves et bacs, sans en avoir fait la déclaration par écrit au plus prochain bureau : cette déclaration contiendra la soumission du brasseur de ne faire usage desdits ustensiles, qu'après qu'ils auront été jaugés de nouveau par les Employés de la Régie.

30. Les brasseries et les distilleries de grains seront ouvertes aux Employés de la Régie , même avant le lever et après le coucher du soleil. Dans ces derniers cas, les Employés seront assistés d'un officier de police, et les visites seront bornées aux bâtimens de la brasserie ou de la distillerie, et aux magasins en dépendans.

31. Il sera tenu par les brasseurs un registre de vente sur lequel ils inscriront, jour par jour, les quantités de bière vendues , ainsi que le nom et le domicile des acheteurs.

32. Les bières sujettes aux droits, qui existeront chez les fabricans, marchands en gros et détaillans, au moment de l'exécution de la présente loi , seront reconnues par les Employés, et soumises à un droit d'un franc 60 centimes par hectolitre, en remplacement des droits à la vente en gros et en détail, auxquels elles eussent été assujetties.

33. Il sera fait à chaque contribuable une remise de six pour cent sur les quantités reconnues à sa charge, d'après l'article précédent.

34. Les sommes qui seront dues à l'État, en vertu des articles 24 et 32, pourront être acquittées en obligations dûment cautionnées, à trois, six et neuf mois de date, pourvu que chaque obligation soit au moins de 300 francs.

Le compte des brasseurs sera réglé et payé à la fin de chaque mois.

35. Les articles 24, 32, 33 et 34 de la présente loi, ne sont point applicables aux bières fabriquées dans la ville de Paris.

36. Les contraventions aux dispositions de l'article 29 seront punies d'une amende de 300 francs; et toutes contraventions aux autres dispositions du présent titre seront punies des peines portées par l'article 76 de la loi du 5 ventôse an 12.

TITRE VIII.

Nouvelles mesures relatives aux Distilleries de grains.

37. Le droit fixé par l'article 69 de la loi du 5 ventôse an 12, pour la fabrication des eaux-de-vie de grains, pommes de terre et autres substances farineuses, est remplacé par un droit de 20 francs par mois, par hectolitre de la contenance des chaudières en activité dans chaque atelier de distillation.

38. Tous les distillateurs, quel que soit leur procédé, obtiendront une déduction : elle sera d'un huitième pour ceux dont la chaudière ou les chaudières réunies n'excéderont pas au total une capacité de seize hectolitres; cette déduction sera d'un tiers en faveur des autres distillateurs, pourvu que chacune de leurs chaudières soit de la contenance de douze hectolitres au moins.

39. Ceux des distillateurs dont les chaudières réunies n'excéderont pas seize hectolitres, pourront, dans leurs déclarations, exprimer qu'ils n'entendent distiller consécutivement que pendant le tiers ou les deux tiers du mois; et, dans ce cas, ils ne devront que le tiers ou les deux tiers du droit fixé pour le mois entier.

40. Au moyen de la faculté accordée par l'article précédent, tous les abonnemens accordés aux distillateurs cesseront à dater de la mise à exécution de la présente loi, et il n'en sera plus accordé.

41. Les distillateurs sont tenus de déclarer, douze heures à l'avance dans les villes, et vingt-quatre heures dans les campagnes, le moment où ils voudront allumer le feu sous leurs chaudières.

Lorsqu'ils déclareront vouloir cesser la distillation, le scellé sera apposé sur les chaudières par les Employés de la Régie, qui en dresseront acte : il ne pourra être levé que par eux et d'après une nouvelle déclaration.

42. Les distillateurs pourront acquitter les droits de fabrication en obligations dûment cautionnées, à trois, six et neuf mois de date, pourvu que chaque obligation soit au moins de 300 francs.

43. Les produits des distillations seront pris en charge par les Commis de là Régie, et les distillateurs responsables du droit au mouvement des quantités qu'ils ne représenteront pas, et dont ils ne justifieraient pas avoir acquitté les droits.

La prise en charge sera établie sur le produit des distillations, lorsqu'il sera reconnu qu'il surpasse le sixième par jour, de la contenance totale des chaudières en activité : dans le cas contraire, elle sera du sixième au douzième de cette contenance, suivant la fixation qui en sera faite par la Régie, d'après les produits habituels des distilleries de chaque département.

Il sera accordé dix pour cent d'ouillage, coulage et consommation de famille.

44. Les contraventions aux dispositions du présent titre seront punies des peines portées par l'article 76 de la loi du 5 ventôse an 12.

Signé NAPOLÉON.

Par l'Empereur :

Le Ministre Secrétaire d'état, Signé H. B. MARET.

TABLEAU des Départemens classés conformément à l'article 15 de la Loi.

PREMIÈRE CLASSE,

30 centimes.

Alpes (Basses).
Alpes (Hautes).
Ardèche.
Arriége.
Aude.
Aveyron.
Cantal.
Charente.
Charente-inférieure.
Corrèze.
Creuse.
Dordogne.
Gard.
Gers.
Gironde.
Golo.
Hérault.

Landes.
Liamone.
Loire (Haute).
Loire-inférieure.
Loiret.
Lot.
Lot-et-Garonne.
Lozère.
Marne (Haute).
Mont-Blanc.
Puy-de-Dôme.
Pyrénées (Hautes).
Sarthe.
Sèvres (Deux).
Vendée.
Vienne.

DEUXIÈME CLASSE,

40 centimes.

Ain.
Allier.
Apennins.
Arno.
Aube.
Bouches-du-Rhône.
Cher.
Côtes-du-Nord.
Doubs.
Drôme.

Finistère.
Garonne (Haute).
Ille-et-Vilaine.
Indre.
Indre-et-Loire.
Isère.
Jura.
Loire.
Loir-et-Cher.
Maine-et-Loire.

Méditerranée.
Meurthe.
Meuse.
Morbihan.
Ombrone.
Pyrénées (Basses).
Pyrénées-orientales.

Saone (Haute).
Seine-et-Marne.
Tarn.
Var.
Vaucluse
Vosges.

TROISIÈME CLASSE

50 centimes.

Aisne.
Alpes-maritimes.
Ardennes.
Côte-d'Or.
Doire.
Eure.
Eure-et-Loir.
Forêts.
Gènes.
Léman.
Marengo.
Marne.
Mayenne.
Montenotte.
Mont-Tonnerre.
Moselle.

Nièvre.
Oise.
Pô.
Rhin (Bas).
Rhin (Haut).
Rhin-et-Moselle.
Rhône.
Sarre.
Saone-et-Loire.
Seine.
Seine-et-Oise.
Sésia.
Stura.
Taro.
Vienne (Haute),
Yonne,

QUATRIÈME CLASSE,

80 centimes.

Calvados.
Dyle.
Escaut,
Jemmape.
Lys.
Manche.
Meuse-inférieure.
Nèthes (Deux).

Nord.
Orne.
Ourte.
Pas-de-Calais.
Roer.
Sambre-et-Meuse.
Seine-inférieure.
Somme.

TARIF des Droits d'entrée établis par l'article 18 de la présente Loi.

	PAR HECTOLITRE.		
	VIN en cercles.	CIDRE ou POIRÉ.	EAU-DE-VIE simple.
	fr. c.	f. c.	fr. c.
2 à 4,000 ames.	0. 30.	0. 15.	0. 90.
4 à 6,000......	0. 40.	0. 20.	1. 30.
6 à 10,000......	0. 60.	0. 30.	1. 80.
10 à 15,000......	0. 80.	0. 40.	2. 40.
15 à 20,000......	1. 00.	0. 50.	3. 00.
20 à 30,000......	1. 50.	0. 75.	4. 50.
30 à 50,000,.....	2. 00.	1. 00.	6. 00.
50,000 et au-dessus.	2. 50.	1. 25.	7. 50.

Dans les villes ou bourgs de

EXTRAIT DES MINUTES

DE LA SECRÉTAIRERIE D'ÉTAT.

De notre Camp impérial de Madrid, le 21 Décembre 1808.

NAPOLÉON, EMPEREUR DES FRANÇAIS, ROI D'ITALIE, et PROTECTEUR DE LA CONFÉDÉRATION DU RHIN;

Sur le rapport de notre Ministre des finances;

Notre Conseil d'état entendu,

Nous avons DÉCRÉTÉ et DÉCRÉTONS ce qui suit :

TITRE PREMIER.

Droit au mouvement des Boissons.

ART. 1.er L'article 1.er du réglement impérial du 5 mai 1806 continuera à être exécuté, sauf la déclaration du prix de la vente, qui ne sera pas exigée.

2. L'obligation de déclarer l'enlèvement des boissons, et de prendre des congés ou passavans, n'est point applicable aux transports de vendanges ou de fruits.

3. Le propriétaire ou le négociant qui fera transporter des boissons, de l'une de ses caves dans une autre située dans l'étendue du même canton, jouira de l'exemption de droits accordée par l'article 16 de la loi du 25 novembre 1808.

Il en sera de même à l'égard des transports effectués par le propriétaire ou le négociant, de l'une de ses caves dans une autre, dans l'étendue d'une même commune, lors même qu'elle serait divisée en plusieurs cantons de justice de paix.

4. Les boissons devront être conduites, sans interruption,

à la destination déclarée. Lorsqu'un changement de moyens de transport, ou toute autre cause, nécessitera un séjour de plus de vingt-quatre heures, le conducteur sera tenu d'en faire la déclaration, dans ce délai, au plus prochain bureau de la Régie, avec indication du jour où le transport sera repris : dans ce cas, le congé sera soumis au *visa* des Employés, sans qu'il y ait ouverture à un nouveau droit de mouvement.

5. Lorsqu'un transport de boissons sera interrompu par une force majeure, telle que glaces, inondation ou autre cause de ce genre, sans qu'il soit possible de déclarer le jour où il pourra être repris, il en sera fait déclaration, conformément à l'article précédent ; et le congé sera déposé au bureau, pour n'être visé et remis qu'au moment du départ.

6. Les boissons dont le transport éprouvera quelque retard dans les cas prévus par les articles précédens, seront représentées aux Employés, à toute réquisition, afin qu'ils puissent vérifier s'il n'en a point été enlevé sans déclaration.

TITRE II.

Droits aux Entrées.

7. Les droits d'entrée établis par l'article 18 de la loi du 25 novembre, ne seront perçus que dans les lieux dont la population agglomérée sera de 2000 ames au moins, non compris celle éparse dans les hameaux ou villages dépendans de la commune.

8. En cas de difficultés sur la question de savoir si, par sa population, une ville ou un bourg doit être sujet aux droits d'entrée, ou s'il doit être rangé dans telle ou telle autre des classes déterminées par la loi du 25 novembre, la réclamation de la commune sera soumise au Préfet ; et, sur son avis, il sera statué par notre Ministre des finances, dont la décision sera exécutée provisoirement, sauf le recours au Conseil d'état en définitif.

9. Tout conducteur de boissons destinées à la consommation d'un lieu sujet aux droits d'entrée, sera tenu, avant de·
les y introduire, de représenter le congé et d'acquitter les
droits d'entrée, dont il lui sera délivré quittance.

10. Les boissons passant debout dans les lieux sujets aux
droits d'entrée, ne seront pas soumises à ces droits ; mais le
conducteur sera tenu de représenter le congé et de le faire
viser aux bureaux d'entrée et de sortie. En cas de séjour, il
en sera fait déclaration, conformément aux articles 4 et 5.

11. Tout propriétaire ou négociant qui fera conduire des
boissons dans un lieu sujet aux droits d'entrée, pour n'y être
qu'entreposées jusqu'à leur sortie ultérieure, sera tenu d'en
faire la déclaration avant l'enlèvement, de désigner les maisons, caves ou celliers où il entendra les déposer, et de faire
viser le congé au bureau d'entrée.

Il sera tenu d'avoir un registre coté et paraphé, sur lequel
seront portées les quantités introduites et celles enlevées suc-
cessivement pour des destinations extérieures.

Il sera sujet aux visites et aux exercices des Commis
dans ses magasins, caves et celliers, et soumis au paiement
des droits d'entrée, pour toutes les boissons manquantes à
ses charges, et qu'il ne justifiera pas avoir fait sortir de la
commune.

12. Les boissons existantes au 1.er janvier prochain dans les
entrepôts d'octroi et dans les magasins, caves ou celliers des
dénommés en l'art. 31 de la loi du 24 avril 1806, seront con-
sidérées comme pouvant avoir une destination extérieure, et
soumises aux dispositions de l'article précédent.

13. Les dispositions de l'art. 11 sont également applicables
aux personnes qui introduiront dans des lieux sujets aux droits
d'entrée, des vendanges ou fruits, et qui destineront les boissons en provenant à être transportées hors de la commune.

14. Toutes les fois qu'il existera dans une ville un entrepôt
général, les propriétaires et négocians seront tenus d'y déposer
les boissons pour lesquelles ils voudront jouir de l'entrepôt.

15. Les boissons conduites à un marché, dans un lieu où les droits d'entrée sont perçus, ne seront soumises au paiement de ces droits qu'autant que la sortie ultérieure n'en serait pas justifiée.

16. Les boissons introduites dans les lieux sujets aux droits d'entrée, pour y être converties en eau-de-vie ou esprit, ne seront pas soumises à ces droits, pourvu que la déclaration en ait été préalablement faite, conformément aux dispositions de l'article 11.

Le produit de la distillation, constaté par l'exercice des Commis chez les bouilleurs et distillateurs, sera considéré comme pouvant avoir une destination extérieure, et ne sera soumis aux droits d'entrée que dans le cas déterminé par le même article.

Il en sera de même du produit des distillations de grains et autres substances farineuses.

TITRE III.

Droit à la Vente en détail.

17. Les vendans en détail ne pourront établir le débit des vins et eaux-de-vie sur des vaisseaux d'une contenance supérieure à cinq hectolitres.

18. Ils ne pourront jamais mettre en vente ni avoir en perce plus de trois pièces à-la-fois.

19. Les débitans seront tenus de représenter aux Employés, lors de leurs exercices, les quittances des droits de mouvement et d'entrée des boissons qu'ils auront reçues ; et ceux-ci les relateront dans leurs actes de charge.

20. Dans aucun cas, les pièces vides ne pourront être enlevées des caves qu'elles n'aient été préalablement démarquées par les Employés.

21. S'il est reconnu par les Employés de la Régie, que la déclaration du prix de la vente en détail soit frauduleuse,

la Régie pourra prendre les boissons pour son compte au prix déclaré, déduction faite du droit de détail : dans ce cas, la futaille sera payée au débitant d'après la valeur courante.

22. Tous ceux qui, ayant fait la profession de vendans en détail, auront déclaré cesser leur débit, seront, pendant les trois mois suivans, soumis aux exercices et au paiement du droit de détail des boissons consommées.

23. Toutes les fois qu'un habitant, occupant un appartement commun avec un vendant en détail de profession, ou ayant seulement ses portes ou escaliers communs, il y aura impossibilité d'interdire la communication, conformément à l'article 25 du réglement du 5 mai 1806, cet habitant sera soumis aux exercices des Commis et au paiement du droit de détail pour toutes les boissons qu'il logera.

24. Toute personne qui débite des boissons, de quelque espèce que ce soit, est sujette aux visites des Employés de la Régie.

25. En conséquence de l'augmentation du droit à la vente en détail, les abonnemens consentis par la Régie avec des débitans, et qui ne seront pas expirés au 1.er janvier 1809, subiront l'accroissement proportionnel, si mieux n'aiment les débitans demander la résiliation desdits abonnemens.

TITRE IV.

Dispositions générales.

26. Les personnes voyageant à pied, à cheval ou en voitures particulières et suspendues, ne seront pas assujetties aux visites des Commis.

27. Les Commis pourront néanmoins, en cas de soupçon de fraude, et en requérant l'assistance d'un Officier de police, faire les visites qu'ils jugeront nécessaires.

28. Les voyageurs ne seront pas tenus de se munir de congés pour les boissons destinées à leur usage pendant le

voyage, pourvu qu'ils ne transportent pas au-delà de trois bouteilles de vin par personne.

29. Toute contravention aux dispositions du présent décret, sera punie conformément à l'article 37 de la loi du 24 avril 1806.

30. Toutes dispositions contraires, et notamment celles des articles 3, 4, 7, 8, 9, 10, 13, 31, 32, 38, 39, 40, 41 et 42 du réglement impérial du 5 mai 1806, sont rapportées.

31. Notre Ministre des finances est chargé de l'exécution du présent décret.

Signé NAPOLÉON.

Par l'Empereur :

Le Ministre Secrétaire d'état, signé HUGUES B. MARET.

Pour copie conforme :

Le Comte de l'Empire, Ministre des finances,

Signé GAUDIN.

À PARIS, DE L'IMPRIMERIE IMPÉRIALE.
Janvier 1810.

9 782019 633035